Bibliografische Information der Deutschen Nationalbibliothek:

Die Deutsche Bibliothek verzeichnet diese Publikation in der Deutschen National-
bibliografie; detaillierte bibliografische Daten sind im Internet über http://dnb.d-
nb.de/ abrufbar.

Dieses Werk sowie alle darin enthaltenen einzelnen Beiträge und Abbildungen
sind urheberrechtlich geschützt. Jede Verwertung, die nicht ausdrücklich vom
Urheberrechtsschutz zugelassen ist, bedarf der vorherigen Zustimmung des Verla-
ges. Das gilt insbesondere für Vervielfältigungen, Bearbeitungen, Übersetzungen,
Mikroverfilmungen, Auswertungen durch Datenbanken und für die Einspeicherung
und Verarbeitung in elektronische Systeme. Alle Rechte, auch die des auszugsweisen
Nachdrucks, der fotomechanischen Wiedergabe (einschließlich Mikrokopie) sowie
der Auswertung durch Datenbanken oder ähnliche Einrichtungen, vorbehalten.

Impressum:

Copyright © 2014 GRIN Verlag
Druck und Bindung: Books on Demand GmbH, Norderstedt Germany
ISBN: 9783656868637

Dieses Buch bei GRIN:

https://www.grin.com/document/286552

Christian Dordel

E-Business Standards. Vorstellung von EDI, XML und eCl@ss

GRIN Verlag

E-Business Standards
(EDI, XML, eCl@ss, etc.)

Hausarbeit

vorgelegt von
Christian Dordel

Hochschule Niederrhein
Fachbereich Wirtschaftswissenschaften
Schwerpunkt: Wirtschaftsinformatik

Wintersemester 2014/15

Inhaltsverzeichnis

Abkürzungsverzeichnis

ANSI ASC X12	American National Standards Institute Accredited Standards Committee X12; kurz auch: ANSI X12
B2B	Business to Business
B2C	Business to Consumer
BME	Bundesverband Materialwirtschaft, Einkauf und Logistik
E-Banking	Electronic Banking
E-Business	Electronic Business
E-Commerce	Electronic Commerce
E-Procurement	Electronic Procurement
E-Recruitment	Electronic Recruitment
EANCOM	Kunstwort aus EAN (European Article Number) und Communication
ebXML	Electronic Business XML
EDI	Electronic Data Interchange
GLN	Global Location Number
GTIN	Global Trade Item Number
HTML	Hypertext Markup Language
iDocs	intermediate documents
PRICAT	Price Catalogue Message
PRODAT	Product Data Message
SCOR	Supply-Chain Operations Reference Model
UN/EDIFACT	United Nations Electronic Data Interchange For Administration, Commerce and Transport; kurz auch: EDIFACT
UNSPSC	United Nations Standard Products and Services Code
VAN	Value Added Network
VMI	Vendor Managed Inventory
XML	Extensible Markup Language

Abbildungsverzeichnis

1 Was ist E-Business?

Die Bezeichnung E-Business ist die Abkürzung für Electronic Business und wurde begrifflich erstmals 1997 durch die Firma IBM eingeführt.[1] Zuvor stand das Schlagwort E-Commerce wirtschaftlich im Vordergrund mit dem Fokus auf den Verkaufsmarkt.

Nach heutiger Definition sind die vielfältigen Disziplinen wie E-Procurement, E-Recruitment, E-Commerce, E-Banking usw. einige der vielen Bestandteile des übergeordneten E-Business, wie nachfolgende Grafik verdeutlicht:[2]

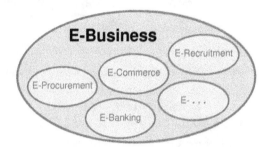

Abb. 1: Bestandteile des E-Business[3]

Dies führt zu der Beschreibung des E-Business als Sammelbegriff für die strategische Anwendung von computergestützten Informations- und Kommunikationstechnologien zur Erreichung der Unternehmensziele. Dies beinhaltet die elektronische Abwicklung von Geschäftsprozessen und Transaktionen mit anderen Geschäftspartnern.[4]

Die dabei auftretenden Geschäftspartner werden in drei Gruppen unterteilt

    Administration (öffentliche Institutionen)

    Business (Unternehmen)

    Consumer (private Konsumenten)

und können jeweils sowohl als Leistungsanbieter, als auch als Leistungsnachfrager agieren.[5] Die Beziehungen untereinander lassen sich wie folgt in einer Interaktionsmustermatrix darstellen:

---

[1] Vgl. Wirtz (2013), S. 21.
[2] Vgl. Abts (2013), S. 298 ff.
[3] In Anlehnung an Wirtz (2013), S. 15.
[4] Vgl. Kersten (2001), S. 21 ff.
[5] Vgl. Wirtz (2013), S. 23.

Leistungsanbieter			
Consumer	Consumer to Administration (C2A)	Consumer to Business (C2B)	Consumer to Consumer (C2C)
Business	Business to Administration (B2A)	Business to Business (B2B)	Business to Consumer (B2C)
Administration	Administration to Administration (A2A)	Administration to Business (A2B)	Administration to Consumer (A2C)
	Administration	*Business*	*Consumer*

Leistungsnachfrager

Abb. 2: Interaktionsmustermatrix der Geschäftspartner im E-Business[6]

In der Praxis liegt beim E-Business die größere Bedeutung auf die Interaktionen B2B und B2C. Als Beispiele wäre für B2B zu nennen, die Geschäftsabwicklung zwischen Firmen über eine internetbasierte Handelsplattform oder Kunden- und Lieferantenintegrationen. B2C trifft auf Käufe von Konsumenten in Onlineshops zu oder die Nutzung von Dienstvermittlern wie Reiseportalen.[7] Die Gemeinsamkeit ist, dass Unternehmen als Leistungsanbieter fungieren.

Der Grund für die Nutzung der elektronischen Übermittlung von Daten ist der medienbruchlose Informationsfluss. Wurden bisher im betriebsinternen Computersystem Bestellungen, Lieferscheine oder Aufträge erzeugt und ausgedruckt, so mussten diese vom Empfänger manuell in dessen Computersystem erfasst werden. Diese manuelle Dateneingabe ist zeitaufwendig, ineffizient und bietet eine Fehlerquelle.[8]

Wie die Prozesse zwischen den Geschäftspartnern elektronisch abgewickelt werden können und welche technischen und fachlichen Standards dafür vorhanden sind, wird in den folgenden Kapiteln erläutert.

2 Technische Standards

Durch die technische Möglichkeit Informationen über die Telefonleitung von einem Computer zum anderen zu versenden, wird seit Ende der 1960er Jahre von Unternehmen der elektronische Datenaustausch, engl. Electronic Data Interchange (EDI), genutzt. Weitere Entwicklungen bis Ende der 1990er, insbesonde-

---

[6] In Anlehnung an Wannenwetsch (2005), S. 291.
[7] Vgl. Wirtz (2013), S. 24.
[8] Vgl. Weitzel (2001), S. 6.

re die Verfügbarkeit des Internets seit Beginn der 1990er Jahre, brachten zum klassischen EDI noch WebEDI und XML/EDI hervor.[9]

2.1 Klassisches EDI

Das klassische EDI, auch als traditionelles EDI bezeichnet, setzt eine Punkt-zu-Punkt-Verbindung zwischen den Computersystemen der Geschäftspartner voraus, auf der die Daten übermittelt werden. Zur Anbindung mehrerer Teilnehmer wurden später sogenannte Value Added Networks (VANs) entwickelt, die häufig von einem Dienstleister betrieben werden. Die Notwendigkeit der gegenseitigen elektronischen Verständigung löste auch den Bedarf einheitlicher Formate und Strukturen der Daten aus, auf die im Kapitel 3 weiter eingegangen wird.[10] Wegen den hohen Kosten für die Einrichtung und den Betrieb einer EDI-Lösung wird klassisches EDI hauptsächlich von Großunternehmen eingesetzt.[11]

2.2 WebEDI

Durch die Verfügbarkeit des Internets konnte im Laufe der 1990er Jahre das Web-EDI etabliert werden, zur Anbindung von kleineren Geschäftspartnern mit wenigen Transaktionen an das EDI-System des jeweiligen Anbieters. Dies ist auch für den Konsumenten als Leistungsnachfrager nutzbar, da die Daten des Leistungsnachfragers auf einer Webseite oder Formular im Internet manuell eingegeben und an den Server des Leistungsanbieters transportiert werden. Von dort erfolgt die automatische Datenübernahme mittels EDI in das Computersystem des Anbieters. So können zum Beispiel kleine Unternehmen oder private Konsumenten ihre Bestellung bei einem Onlineshop im Internet platzieren, ohne selber eine EDI-Lösung zu haben und die Daten gelangen direkt in das Computersystem des Shop-Betreibers.[12, 13]

Entgegen dem klassischen EDI erfolgt hier ein Medienbruch auf Seite des Nachfragers, da dieser seine Daten manuell eingeben muss. Dennoch hat er den Vorteil, dass er zu jeder Zeit und an jedem Ort seine Daten absetzen kann und diese innerhalb von wenigen Minuten den Anbieter erreichen. Informationen über Verfügbarkeit und Lieferzeit können vom Nachfrager direkt eingesehen und berücksichtigt werden.

---

[9] Vgl. Weitzel (2001), S. 6.
[10] Vgl. Stoll (2008), S. 109 f.
[11] Vgl. Weitzel (2001), S. 8.
[12] Vgl. Stoll (2008), S. 110.
[13] Vgl. Weitzel (2001), S. 8 f.

Der Anbieter profitiert durch den Einsatz von WebEDI mit den bereits erwähnten Einsparungen für die manuelle Datenerfassung in seinem Computersystem und erzielt dadurch ebenfalls einen Zeitgewinn und reduziert seine Fehlerquote.[14]

2.3 XML/EDI

Der Begriff XML/EDI steht für XML-basierte EDI-Lösung. XML ist die Abkürzung für Extensible Markup Language und ist, wie auch HTML, eine Auszeichnungssprache. Im Gegensatz zu HTML, das zur grafischen Anzeige von Webinhalten dient, liefert XML reine Textdateien mit strukturierten Inhalten, zum Beispiel:[15]

```
<POSTEN>
    <ARTIKELNR>4711</ARTIKELNR>
    <ANZAHL>3</ANZAHL>
</POSTEN>
```

Der Aufbau von XML-Dokumenten kann als Baumstruktur abgebildet werden, wie folgendes Objektmodell für eine Bestellung zeigt:

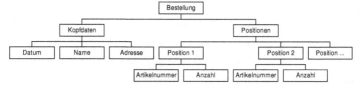

Abb. 3: Baumstruktur einer XML-Bestellung[16]

Wie auch beim klassischen EDI werden beim XML/EDI die Daten medienbruchlos zwischen den Computersystemen der Geschäftspartner transportiert. Anders als beim klassischen EDI erfolgt dies über das Internet, ähnlich dem WebEDI. Dadurch wird XML/EDI attraktiver für kleinere Unternehmen, da die Kosten für Einrichtung und Betrieb in den Hintergrund geraten. Um jedoch die Kompatibilität mit verschieden EDI-Systemen zu erhöhen, sind zusätzliche Konvertierungsprogramme notwendig.

Durch den hohen Aufwand der Einrichtung des klassischen EDI hat sich dieses System bei Großunternehmen festgesetzt und konnte bisher nicht vom moderneren XML/EDI verdrängt werden.[17]

---

[14] Vgl. Amor (2000), S. 49 ff.
[15] Vgl. Zwißler (2002), S. 151-158.
[16] In Anlehnung an Weitzel (2001), S. 52.
[17] Vgl. Turowski (2001), S. 1 ff.

3   Datenaustauschstandards

Neben der technischen Definition der möglichen Übermittlungswege im E-Business besteht die Notwendigkeit der Standardisierung von Spezifikationen für das Format und die Struktur der Daten. Dies ist wichtig für die am Datenaustausch beteiligten Systeme. Das sendende Computersystem muss die internen Daten in ein für den Datenaustausch nutzbares Format enkodieren bzw. konvertieren und der Empfänger muss die Daten wieder dekodieren können, so dass diese in seinem eigenen System direkt weiterverarbeitet werden können. Dafür ist einerseits eine Konvertierungssoftware notwendig, aber auch die Einigung der Geschäftspartner auf das genaue Datenaustauschformat, damit das Empfängersystem versteht, was das Sendersystem geschickt hat.[18]

Für den technischen Standard EDI wurden seit den 1970er Jahren Datenaustauschstandards entwickelt, die bis heute den damaligen Anforderungen für eine effiziente Datenübermittlung entsprechen. Diese mussten kompakt sein und nur das Nötigste an Informationen beinhalten.

Das modernere XML hat nicht mehr die Restriktion an das Datenvolumen, da Übertragungsgeschwindigkeiten und Kosten keine relevanten Rollen mehr spielen, und orientiert sich an einer klar verständlichen Struktur der Daten. [19]

Beispiele für EDI und XML werden in den jeweiligen Kapiteln der Standards gegeben. Die Standards sind in fünf Bereiche gegliedert

    Identifikation

    Klassifikation

    Kataloge

    Transaktionen

    Prozesse

und werden nachfolgend genauer beschrieben.

3.1   Identifikationsstandards

Mit den Identifikationsstandards werden weltweit eindeutige Bezeichnungen für Produkte oder Firmen festgelegt, unter der diese dann eindeutig identifiziert werden können.

3.1.1   GTIN

Im Bereich der Produktidentifikation ist die Global Trade Item Number (GTIN) am stärksten verbreitet. Früher als europäische Artikelnummer (EAN) bekannt, befindet sich diese Nummer als Barcode auf fast allen Produkten im Einzelhandel.

---

[18] Vgl. Zwißler (2002), S. 195 ff.
[19] Vgl. Zwißler (2002), S. 148 ff.

Diese GTIN besteht aus einer 13-stelligen Zahl, die sich aus einer zweistelligen Länderkennung, der fünfstelligen Betriebsnummer, gefolgt von der fünfstelligen Artikelnummer und einer Prüfziffer zusammensetzt, wie nachfolgendes Beispiel zeigt:[20]

Abb. 4: GTIN Barcode[21]

Die GTIN beinhaltet demnach keine Daten über das Produkt, sondern identifiziert einzig den Artikel, so dass aus einer Datenbank die zugehörigen Informationen wie Bezeichnung, Preis usw. ermittelt werden können.

Die Vergabe und Registrierung der GTIN erfolgt durch die Gesellschaft GS1 AISBL mit der deutschen Niederlassung GS1 Germany GmbH.

Vergleichbare internationale Systeme sind ISBN für Bücher oder PZN für Medikamente.[22]

3.1.2 GLN

Die Global Location Number (GLN) wird ebenfalls von der GS1 vergeben und hat einen 13-stelligen Aufbau wie die GTIN, identifiziert jedoch weltweit Standorte und Betriebe eindeutig.

Anstatt mit der fünfstelligen Artikelnummer die Produkte des Betriebes zu kennzeichnen, werden darüber die einzelnen Standorte und Adressen benannt, so dass beim elektronischen Datenaustausch zwischen Unternehmen keine Adressen, sondern nur noch die eindeutigen Identifikationsnummern übermittelt werden müssen.[23]

3.2 Klassifikationsstandards

Die in Kapitel 3.1 beschriebenen Identifikationsstandards geben die eindeutige Kennzeichnung eines Produktes oder einer Adresse wieder. Bei den Klassifikati-

---

[20] Vgl. Abts (2013), S. 336 f.
[21] Eigene Darstellung
[22] Vgl. Abts (2013), S. 336 f.
[23] Vgl. Abts (2013), S. 336.

onsstandards geht es um die Eingruppierung von Produkten, Dienstleistungen oder Unternehmen in eine Definitions-Hierarchie. Es ist möglich, dass ähnliche Produkte die gleiche Klassifikation haben, jedoch nie die gleiche Identifikation.[24]

3.2.1 UNSPSC

Mit dem United Nations Standard Products and Services Code (UNSPSC)[25] werden Produkte und Dienstleistungen in ein hierarchisches Kodierungssystem eingeordnet. Das System wurde von den Vereinten Nationen und Dun & Bradstreet entwickelt und wird heute von der GS1 verwaltet.

Die Kodierung besteht aus einem acht- bis zehnstelligen Zahlenschlüssel, der in zweier Blöcken mit vier bis fünf Stufen wie folgt aufgebaut ist:[26, 27]

Kugelschreibermine mit Klassifikationscode 4412190314:	
Segment:	44 Büroausstattung
Familie:	12 Bürozubehör
Klasse:	19 Tinte und andere Nachfüllungen
Produktgruppe:	03 Kugelschreiberminen
(Geschäftsfunktion:	14 Wiederverkauf)

Abb. 5: UNSPSC Klassifikation[28]

So lassen sich Produkte und Dienstleistungen detailliert definieren und sind über die einzelnen Kategoriestufen international einheitlich suchbar.[29]

3.2.2 eCl@ss

Ebenfalls zur Klassifizierung von Produkten dient das eCl@ss-System und kommt mit zwei Stellen weniger aus, als das UNSPSC-System. Beide Systeme unterscheiden sich in den jeweiligen Klassifizierungen, so dass sie nicht direkt kompatibel zueinander sind:[30]

Kugelschreibermine mit Klassifikationscode 24240601:	
Sachgebiet: 24 Büromaterial, Büroeinrichtung, ...	
Hauptgruppe:	24 Schreibgerät, Spitzer, Radierer ...
Gruppe:	06 Kugelschreiber (Zubehör)
Untergruppe:	01 Kugelschreibermine

Abb. 6: eCl@ss Klassifikation[31]

---

[24] Vgl. Stoll (2008), S. 120 f.
[25] http://www.unspsc.org
[26] Vgl. Abts (2013), S. 339.
[27] Vgl. Wikipedia: UNSPSC (18.02.2014).
[28] Stoll (2008), S. 123.
[29] Vgl. Abts (2013), S. 339.
[30] Vgl. Stoll (2008), S. 123.
[31] Stoll (2008), S. 124.

Im Gegensatz zu UNSPSC ist eCl@ss eine deutsche Entwicklung und in Deutschland auch am weitesten verbreitet, wurde aber mittlerweile zum internationalem Standard erhoben.[32] Durch ein Schlagwortregister ist es auch hier möglich nach Klassifizierungen für bestimmte Produkte zu suchen und weiter mit dieser Klassifizierungsnummer nach Anbietern dieser Produkte zu recherchieren.[33] Dadurch werden gezielt Ergebnisse für Produkte gelistet, die vom Hersteller in der angefragten Kategorie eingeordnet wurden. Nachfolgend ist ein Beispiel einer solchen Suche im Internet über die Suchmaschine Google abgebildet:

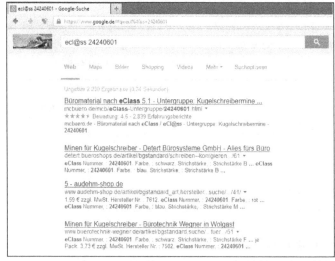

Abb. 7: Ergebnis der Suche bei Google.de zu „eCl@ss 24240601"[34]

3.3 Katalogstandards

Der Nutzen von Katalogstandards liegt im elektronischen Austausch von Produktdaten des Leistungsanbieters an dessen Kunden oder Händler. Diese Produktdaten bestehen aus technischen, kaufmännischen und Marketing-Daten, wie Bezeichnung, Preis, Produktfoto, Maße, technische Zeichnung, Liefertermin usw. Der Vorteil liegt hier auf der Kunden- bzw. Händlerseite, denn dieser erhält von seinen Lieferanten Produktinformationen im einheitlichen Format und kann diese vergleichen oder direkt in seinen Katalog oder Onlineshop übernehmen.

Der einheitliche Standard lässt eine schnelle und häufige Aktualisierung der Katalogdaten beim Empfänger zu, ohne dass dieser viel Bearbeitungsaufwand hat.[35]

---

[32] Vgl. Abts (2013), S. 339.
[33] Vgl. Stoll (2008), S. 123 f.
[34] Eigene Recherche Google: eCl@ss (19.02.2014).
[35] Vgl. Berlecon (2010), S. 85 ff.

Nachfolgend wird ein Standard aus dem EDI-System und eines im XML-Schema vorgestellt.

3.3.1 PRICAT und PRODAT

Price Catalogue Message (PRICAT) bezeichnet die Preisliste und Katalogdaten und Product Data Message (PRODAT) die Produktdaten des Leistungsanbieters beim EDI-Standard. Genauer handelt es sich hierbei um zwei Nachrichtentypen aus dem UN/EDIFACT Nachrichtenstandard, der in Kapitel 3.4.1 behandelt wird. Beide Nachrichtenformate sind in Deutschland und international verbreitet, insbesondere im Automotive-Sektor, der Konsumgüter- und Elektrobranche. Die Datendatei ist satzorientiert aufgebaut und besteht aus einem Kopf bzw. Header, den eigentlichen Produktdaten und einem Schlussteil, wie folgendes Beispiel zeigt:[36]

```
Kopf     UNA:+.?'
         UNB+UNOC:3+4036121000004:14+4338799000009:14+080201:1542+446'
         UNH+500000001812+PRICAT:D:96A:UN:EAN006'
         BGM+9+1812+9'DTM+137:20060928:102'
         NAD+SU+4040181000002::9'CUX+2:EUR:8'
         PGI+3+DE::91:CATALOG DEUTSCHLAND'
Produkt- LIN+161+1+4040147373081:EN::9'
daten    IMD+C+98+8.5::91'
         [...]
         PRI+AAA:19.95::NTP'
Schluss  UNT+542+500000001812'UNZ+1+446'
```

Abb. 8: Auszug aus einer PRICAT-Nachricht[37]

3.3.2 BMEcat

Der BMEcat-Standard wurde durch den Bundesverband Materialwirtschaft, Einkauf und Logistik (BME) seit 1999 vorangetrieben und hat sich in Deutschland etabliert. Der Aufbau der Datendatei folgt dem gleichen Muster wie bei PRICAT und PRODAT, ein Kopfteil mit den Rahmendaten über Käufer und Verkäufer, dann folgt im Mittelteil der eigentliche Katalog mit den Produktdaten, Preisen und Konditionen und ein Schlussteil beendet die Datei. Der wesentliche Unterschied zu PRICAT und PRODAT liegt in der Verwendung des XML-Schemas, welches eine Nutzung der BMEcat Daten erlaubt, ohne vorherige Abstimmung der beteiligten Unternehmen über die explizit verwendeten Katalogelemente.

---

[36] Vgl. Berlecon (2010), S. 91 f.
[37] Berlecon (2010), S. 93.

Die enthaltenen Daten von BMEcat können drei Möglichkeiten entsprechen:

- Gesamtkatalog mit allen Informationen
- Update von Produktdaten für bereits vorhandene Produkte
- Update der Preise[38]

Das nachfolgende Beispiel zeigt einen neuen Katalog für einen einzelnen Artikel, ein Zimmertürschloss:

```
<T_NEW_CATALOG>
    <ARTICLE>
        <SUPPLIER_AID>4015501003609</SUPPLIERAID>
        <ARTICLE_DETAILS>
            <DESCRIPTION_SHORT>Zimmertuerschloss</DESCRIPTION_SHORT>
            <DESCRIPTION_LONG>KFV-ZIMMERTUERSCHLOSS 113-1/2-PZW 60-
                LS-20-ABGER. MESSING LACK.</DESCRIPTION_LONG>
            <EAN>4015501003609</EAN>
            <MANUFACTURER_AID>102647</MANUFACTURER_AID>
            <SEGMENT>Einsteck-Zylinderschloss</SEGMENT>
        </ARTICLE_DETAILS>
        <ARTICLE_FEATURES>
            <FEATURE>
                <FNAME>Anwendung</FNAME>
                <FVALUE>Innentueren</FVALUE>
            </FEATURE>
        </ARTICLE_FEATURES>
    </ARTICLE>
</T_NEW_CATALOG>
```

Abb. 9: BMEcat Datei für einen neuen Artikel[39]

3.4 Transaktionsstandards

Bei den Transaktionsstandards geht es um die Übermittlung von Bewegungsdaten zwischen Leistungsnachfrager und Leistungsempfänger.[40] Dabei wird festgelegt um welche Art von Dokument es sich handelt, welche Informationen enthalten sein müssen bzw. optional sind und wie die Nachrichtendatei aufgebaut sein muss. Die abgedeckten Transaktionstypen reichen von Angebot, Bestellung, Lieferschein bis zu Rechnung und Zahlungsanweisung und sind branchenspezifisch definiert.[41]

Die derzeit existierenden Standards für geschäftliche Transaktionen können in zwei Gruppen geteilt werden, EDI-basiert und XML-basiert,[42] analog zu den in Kapitel 2 genannten technischen Standards, und werden in diesem Kapitel genauer erläutert.

---

[38] Vgl. Stoll (2008), S. 125 ff.
[39] Abts (2013), S. 342.
[40] Vgl. Abts (2013), S. 343.
[41] Vgl. Berlecon (2010), S. 97.
[42] Vgl. Abts (2013), S. 343-347.

Im Bereich EDI gibt es eine große Gruppe von Standards unter dem Begriff UN/EDIFACT und daneben bestehen noch wenige sogenannte proprietäre, das heißt unternehmensspezifische, Standards wie ANSI ASC X12 und SAP iDocs. XML ist mit GS1 XML und openTRANS vertreten.

Zur Verdeutlichung der Unterschiede zwischen EDI und XML befindet sich im Anhang ein Muster einer konventionellen Bestellung in Papierform (Abb. 12), die Übersetzung ins UN/EDIFACT-Format (Abb. 13) und die Übersetzung ins XML/EDI-Format (Abb. 14).

3.4.1 UN/EDIFACT

UN/EDIFACT ist ein unter der Regie der Vereinten Nationen entwickelt und gepflegter Standard, der erstmals 1987 veröffentlicht wurde und hauptsächlich im europäischen sowie asiatischen Raum Anwendung findet.[43]

Dieser Standard wurde von der DIN Deutsches Institut für Normung e. V. übernommen unter DIN ISO 9735, sowie DIN 16557 bis 16560 und 16568.[44]

UN/EDIFACT wird kontinuierlich weiterentwickelt in neuen Versionen, die Verzeichnisse genannt werden.[45] Im Anhang als Abb. 15 befindet sich eine Auflistung der UN/EDIFACT-Nachrichtentypen mit Stand 23.02.2014.

Eine geschlossene elektronische Geschäftsprozesskette mit den unterschiedlichen Nachrichtentypen von Preisliste über Bestellung, Lieferung, Rechnung bis zur Zahlung, sieht wie folgt aus:

Abb. 10: Geschäftsprozesskette mit UN/EDIFACT[46]

---

[43] Vgl. Abts (2013), S. 343.
[44] Vgl. DIN (23.02.2014).
[45] Vgl. Berlecon (2010), S.100.
[46] Prozeus Broschüre (16.02.2014), S. 6.

Durch etwa 200 Nachrichtentypen, die Spezifikationen und Besonderheiten aller Branchen berücksichtigen, wurden viele Datenelemente definiert, die den Bedarf an Informationen für eine einzelne Branche übersteigen und so die Informationsflut erhöhen und unübersichtlich werden lassen. Wenn eine Information von einem Geschäftspartner gesendet wird, muss diese auch von dem anderen Geschäftspartner empfangen und richtig interpretiert bzw. übersetzt werden können. Zur Verminderung dieser Problematik wurden UN/EDIFACT-Subsets geschaffen. Jedes Subset spezifiziert den Informationsbedarf der entsprechenden Branche als Teilmenge des gesamten UN/EDIFACT-Standards und reduziert somit im Subset-Standard die für die Teilnehmer zur Verfügung stehenden Datenelemente. So müssen sich die Geschäftspartner nicht über Kann- und Mussdaten einigen, die gar nicht für die Branche relevant sind.[47]

Die Subsets als Teilmengen lassen sich beispielhaft wie folgt abbilden:

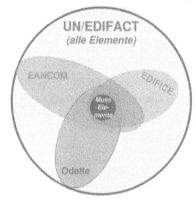

Abb. 11: Beispiel für Teilmengen von UN/EDIFACT-Subsets[48]

Im Anhang in Abb. 16 befindet sich eine Liste mit allen UN/EDIFACT-Subsets.

3.4.2 ANSI ASC X12

ANSI ASC X12 ist hauptsächlich im amerikanischen Raum verbreitet und wegen der Kompatibilität auch bei in anderen Ländern ansässigen Geschäftspartnern erforderlich, wenn diese untereinander geschäftliche Transaktionen über EDI abwickeln möchten.

Der Standard wurde 1982 erstmals eingeführt und bildet die Basis für den UN/EDIFACT-Standard.[49]

---

[47] Vgl. Deutsch (1999), S. 90 ff.
[48] In Anlehnung an Prozeus (16.02.2014), S. 6.
[49] Vgl. Berlecon (2010), S. 107.

3.4.3 SAP iDocs

SAP iDocs ist ein durch die SAP AG ins Leben gerufener Standard der sich durch die starke Verbreitung von SAP-Systemen etabliert hat.

Die Verwendung von iDocs ähnelt dem UN/EDIFACT-Standard und bietet verschiedene Nachrichtentypen passend zu den geschäftlichen Transaktionen innerhalb und zwischen SAP-Systemen unterschiedlicher Versionen.[50]

3.4.4 GS1 XML

Wie bei den Identifikationsstandards in Kapitel 3.1 wird der internationale Standard GS1 XML von der GS1-Gruppe betreut. GS1 XML hat mit über 60 Nachrichtentypen im XML-Format ein breites Spektrum zur Darstellung von branchenübergreifenden Geschäftsprozessen, so dass die ganze Lieferkette abgebildet werden kann.

Der Standard befindet sich kontinuierlich in der Weiterentwicklung und wird nach Bedürfnissen der Nutzer ausgebaut. Durch die globale Verbreitung der GS1-Gruppe gibt es einen lokalen Support für die Nutzer, was zur weltweiten Nutzung des Standards beigetragen hat.

Da GS1 auch EDI-Standards anbietet, wird so eine Harmonisierung von EDI- und XML-Standards vorangetrieben.[51]

3.4.5 openTRANS

Auf Basis von XML ist openTRANS ein freier, kostenloser Standard, der vom Fraunhofer Institut für Arbeitswirtschaft und Organisation in Zusammenarbeit mit der Universität Duisburg-Essen und Unternehmen der deutschen Wirtschaft entwickelt wurde. Seit 2001 kann dieser branchenübergreifende Standard genutzt werden. Er ist kompatibel zum Katalogstandard BMEcat, beschrieben in Kapitel 3.3.2, da die Entwicklung parallel stattfand.

openTRANS bietet zehn verschiedene Nachrichtentypen und deckt damit grob die wichtigsten Geschäftsprozesse ab. Der Standard ist zwar einfach erweiterbar, jedoch konnte er sich noch nicht im großen Umfang etablieren.[52]

3.5 Prozessstandards und Prozessmanagementkonzepte

Übergeordnet zu den speziellen bisher beschriebenen Disziplinen, wie Katalogdaten oder Nachrichtentypen, stehen bei den Prozessstandards und Prozessmanagementkonzepten die Definition von komplexen Geschäftsabläufen

---

[50] Vgl. Berlecon (2010), S. 108.
[51] Vgl. Berlecon (2010), S. 110 ff.
[52] Vgl. Prozeus: openTRANS (24.02.2014).

zwischen den teilnehmenden Unternehmen im Vordergrund. Ziel ist es strategische, organisatorische und informationstechnische Maßnahmen zu treffen, die Prozesse zwischen den Geschäftspartnern harmonisieren und strukturieren.[53] Der Rahmen für das gemeinsame Verständnis für die Geschäftsprozesse wird in zwei Kategorien aufgeteilt, Prozessstandards und Prozessmanagementkonzepte.[54] Beides wird nachfolgend vertieft.

3.5.1 Prozessstandards

Bei den Prozessstandards geht es um die Definition über den technischen Ablauf von Geschäftsprozessen. Bestandteile sind die Regelung von Bedingungen, Berechtigungen und die Reihenfolge bzw. der Ablauf von Transaktionen, wie zum Beispiel wer eine Bestellung auslösen darf und welche Rückmeldung des Bestellempfängers an den Absender erfolgt.[55] Die wichtigsten Vertreter sind RosettaNet und ebXML, die Abkürzung für Electronic Business XML.

RosettaNet ist mit Schwerpunkt auf die IT-, Telekommunikations- und Elektroindustrie ausgerichtet und verfügt über ein umfassendes Portfolio an XML-Nachrichtentypen und definierten Geschäftsprozessen.[56]

Unter Beteiligung der Vereinten Nationen wurde ebXML konzipiert, um einen branchenübergreifenden Standard für XML-Dokumente zu schaffen. Neben technischen Standards für Nachrichtentypen bietet ebXML eine Datenbank in der alle teilnehmenden Unternehmen mit ihrem Profil registriert sind. So können interessierte Unternehmen nach zukünftigen Geschäftspartnern suchen und bereits aus dem Profil entnehmen, welche Prozesse von diesen unterstützt werden.[57]

3.5.2 Prozessmanagementkonzepte

Im Wesentlichen konzentrieren sich die Prozessmanagementkonzepte auf die Koordination der Geschäftsabläufe und Prozesse zwischen den Geschäftspartnern. Ziel ist die Optimierung der Versorgungskette und Materialflüsse und die dafür notwendigen Bedingungen zu schaffen. Dabei wird weniger die technische Umsetzung betrachtet, sondern vielmehr das beidseitige inhaltliche Verständnis für die Abläufe.[58]

Zwei wichtige Konzepte sind hier Vendor Managed Inventory (VMI) und das Supply-Chain Operations Reference Model (SCOR).

---

[53] Vgl. Prozeus: Prozesse (25.02.2014).
[54] Vgl. Berlecon (2010), S. 113.
[55] Vgl. Berlecon (2010), S. 113.
[56] Vgl. Weitzel (2001), S. 126-131.
[57] Vgl. Abts (2013), S. 348 f.
[58] Vgl. Berlecon (2010), S. 113 f.

Beim VMI steht die Versorgungsbefriedigung des Kunden im Mittelpunkt. Durch effiziente Prozesse wird ein kontinuierlicher Waren- und Datenfluss zwischen Lieferant und Handel/Kunde sichergestellt, der sich am Bedarf des Handels/Kunden orientiert. Dies kann zum Beispiel in der Form geschehen, dass der Lieferant den Lagerbestand beim Händler/Kunden überwacht und bei Bedarf automatisch wieder auffüllt.[59]

SCOR unterscheidet die fünf Kernprozesse Planen, Beschaffen, Produzieren, Liefern und Rückversand im Unternehmen. Diese werden auf jeweils vier Ebenen definiert, die zu unterschiedlichen Graden konkretisiert sind. Auf höchster Ebene werden der Umfang der Lieferkette und die Beziehung von Lieferant und Kunde spezifiziert. Je tiefer die Ebene liegt, desto detaillierter werden die Prozesse definiert.[60] SCOR betrachtet die gesamte Lieferkette vom Rohstoffproduzenten bis zum Endverbraucher und versucht am besten geeignete Prozesse zwischen den einzelnen Gliedern der Kette festzulegen.[61]

4 Zusammenfassung

Die Entwicklungen der Datenkommunikation der letzten 20 Jahre üben einen großen Einfluss auf die Geschäftsprozesse zwischen den Unternehmen aus. Bisher teure EDI-Lösungen werden für mittelständige Unternehmen nutzbar. Kleine Unternehmen und Konsumenten unterstützen durch Nutzung von Handelsplattformen mittels WebEDI die automatisierte Datenerfassung.

Die Geschäftspartner haben den Vorteil der permanenten Erreichbarkeit und globalen Verfügbarkeit, um ihre Waren und Dienstleistungen anzubieten oder ihren Bedarf abzusetzen. Die manuelle Datenerfassung im Zielsystem entfällt, dadurch verringern sich Durchlaufzeiten, Informationen können automatisiert und schneller verarbeitet werden und die Fehlerquote sinkt.

Die Bestrebungen zur Standardisierung von Datenaustauschformaten haben ein vielfältiges Repertoire hervorgebracht und die globale Interaktion von Unternehmen vereinfacht. Damit große Firmen wettbewerbsfähig bleiben, werden diese ihre EDI-Nutzung ausweiten und dabei beziehen sie ihre meist kleineren Handelspartner mit in die elektronischen Prozesse ein.

---

[59] Vgl. Deutsch (1999), S. 32 f.
[60] Vgl. Abts (2013), S. 347 f.
[61] Vgl. Hansen (2009), S. 947 ff.

```
Handelshaus Muster              Lieferadresse:
Zentraleinkauf                  Zentrallager
Gewerbestr. 17                  12346 Lagerdorf
12345 Musterstadt

                                Rechnungsadresse:
Firma                           Handelshaus Muster
Haus- & Hoflieferant            Rechnungswesen
Industriestr. 27                Gewerbestr. 17
22340 Lieferdorf                12345 Musterstadt


                                     Musterstadt, 13. Januar 2014

Bestellung Nr. 11424
```

Pos.	Artikelnr.	Bezeichnung	Einheit	Menge
1	9012345123451	Produkt XXXX	Stück	15
2	9012345757588	Produkt YYYY	Stück	7
3	9012345453749	Produkt ZZZZ	Stück	12

Liefertermin: 24. Januar 2014 10:00 Uhr

Abb. 12: Muster einer konventionellen Bestellung[62]

```
UNB+UNOA:3+9099999000055:14+9012345000042:14+140113:1014+458893
    +ORDERS'
UNH+3654+ORDERS:D:96A:UN:EAN008'
BGM+220+11424+9'
DTM+137:20140113:102'
DTM+2:201401241000:203'
NAD+BY+9099999000055::9'
NAD+SU+9012345000042::9'
NAD+DP+9099999000178::9'
NAD+IV+9099999000055::9'
LIN+1++9012345123451:EN'
QTY+21:15'
LIN+2++9012345757588:EN'
QTY+21:7'
LIN+3++9012345453749:EN'
QTY+21:12'
UNS+S'
UNT+16+3654'
UNZ+1+458893'
```

Abb. 13: Muster der Bestellung aus Abb. 12 als UN/EDIFACT-Nachricht[63]

---

[62] In Anlehnung an Hansen (2009), S. 963.
[63] In Anlehnung an Hansen (2009), S. 963.

```xml
<?xml version="1.0" encoding="UTF-8" ?>

<order:order xmlns:xsd="http://www.w3.org/2001/XMLSchema"
    xmlns:order="urn:ean.ucc:order:2" xmlns:eanucc="urn:ean.ucc:2"
    lastUpdateDate="2002-07-01" creationDateTime="2014-01-13T05:10:10"
    documentStatus="ORIGINAL">
<contentVersion>
    <versionIdentification>2.0.2</versionIdentification>
</contentVersion>
<documentStructureVersion>
    < versionIdentification>2.0.2</versionIdentification>
</documentStructureVersion>

<orderIdentification>
    <uniqueCreatorIdentification>11424</uniqueCreatorIdentification>
    <contentOwner>
        <gln>9099999000055</gln>
    </contentOwner>
</orderIdentification>

<orderPartyInformation>
    <seller>
        <gln>9012345000042</gln>
    </seller>
    <billTo>
        <gln>9099999000055</gln>
    </billTo>
    <buyer>
        <gln>9099999000055</gln>
    </buyer>
</orderPartyInformation>

<orderLogisticalInformation>
    <shipToLogistics>
        <shipTo>
            <gln>9099999000178</gln>
        </shipTo>
    </shipToLogistics>
    <orderLogisticalDateGroup>
        <requestedDeliveryDate>
            <date>2014-01-24</date>
        </requestedDeliveryDate>
    </orderLogisticalDateGroup>
</orderLogisticalInformation>

<orderLineItem number="1">
    <article>9012345123451</article>
    <quantity>15</quantity>
</orderLineItem>

<orderLineItem number="2">
    <article>9012345757588</article>
    <quantity>7</quantity>
</orderLineItem>

<orderLineItem number="3">
    <article>9012345453749</article>
    <quantity>12</quantity>
</orderLineItem>

<extensions />
</order:order>
```

Abb. 14: Muster der Bestellung aus Abb. 12 als XML/EDI-Nachricht[64]

---

[64] In Anlehnung an Hansen (2009), S. 964.

APERAK	Application error and acknowledgement message
AUTHOR	Authorization message
BALANC	Balance message
BANSTA	Banking status message
BAPLIE	Bayplan/stowage plan occupied and empty locations message
BERMAN	Berth management message
BMISRM	Bulk marine inspection summary report message
BOPBNK	Bank transactions and portfolio transactions report message
BOPCUS	Balance of payment customer transaction report message
BOPDIR	Direct balance of payment declaration message
BOPINF	Balance of payment information from customer message
BUSCRD	Business credit report message
CALINF	Vessel call information message
CASINT	Request for legal administration action in civil proceedings message
CASRES	Legal administration response in civil proceedings message
CHACCO	Chart of accounts message
CLASET	Classification information set message
CNTCND	Contractual conditions message
COACSU	Commercial account summary message
COARRI	Container discharge/loading report message
CODECO	Container gate-in/gate-out report message
CODENO	Permit expiration/clearance ready notice message
COEDOR	Transport equipment stock and profile message
COHAOR	Container special handling order message
COLREQ	Request for a documentary collection message
COMDIS	Commercial dispute message
CONAPW	Advice on pending works message
CONDPV	Direct payment valuation message
CONDRA	Drawing administration message
CONDRO	Drawing organisation message
CONEST	Establishment of contract message
CONITT	Invitation to tender message
CONPVA	Payment valuation message
CONQVA	Quantity valuation message
CONRPW	Response of pending works message
CONTEN	Tender message
CONWQD	Work item quantity determination message
COPARN	Container announcement message
COPAYM	Contributions for payment
COPINO	Container pre-notification message
COPRAR	Container discharge/loading order message
COREOR	Container release order message
COSTCO	Container stuffing/stripping confirmation message
COSTOR	Container stuffing/stripping order message
CREADV	Credit advice message
CREEXT	Extended credit advice message
CREMUL	Multiple credit advice message
CUSCAR	Customs cargo report message
CUSDEC	Customs declaration message

...

CUSEXP	Customs express consignment declaration message
CUSPED	Periodic customs declaration message
CUSREP	Customs conveyance report message
CUSRES	Customs response message
DAPLOS	Data Plot Sheet
DEBADV	Debit advice message
DEBMUL	Multiple debit advice message
DEBREC	Debts recovery message
DELFOR	Delivery schedule message
DELJIT	Delivery just in time message
DESADV	Despatch advice message
DESTIM	Equipment damage and repair estimate message
DGRECA	Dangerous goods recapitulation message
DIRDEB	Direct debit message
DIRDEF	Directory definition message
DMRDEF	Data maintenance request definition message
DMSTAT	Data maintenance status report/query message
DOCADV	Documentary credit advice message
DOCAMA	Advice of an amendment of a documentary credit message
DOCAMI	Documentary credit amendment information message
DOCAMR	Request for an amendment of a documentary credit message
DOCAPP	Documentary credit application message
DOCARE	Response to an amendment of a documentary credit message
DOCINF	Documentary credit issuance information message
ENTREC	Accounting entries message
FINCAN	Financial cancellation message
FINPAY	Multiple interbank funds transfer message
FINSTA	Financial statement of an account message
GENRAL	General purpose message
GESMES	Generic statistical message
GOVCBR	Government Cross Border Regulatory message
HANMOV	Cargo/goods handling and movement message
ICASRP	Insurance claim assessment and reporting message
ICSOLI	Insurance claim solicitor's instruction message
IFCSUM	Forwarding and consolidation summary message
IFTCCA	Forwarding and transport shipment charge calculation message
IFTDGN	Dangerous goods notification message
IFTFCC	International transport freight costs and other charges message
IFTICL	Cargo insurance claims message
IFTMAN	Arrival notice message
IFTMBC	Booking confirmation message
IFTMBF	Firm booking message
IFTMBP	Provisional booking message
IFTMCA	Consignment advice message
IFTMCS	Instruction contract status message
IFTMIN	Instruction message
IFTRIN	Forwarding and transport rate information message
IFTSAI	Forwarding and transport schedule and availability information message
IFTSTA	International multimodal status report message

...

IFTSTQ	International multimodal status request message
IMPDEF	EDI implementation guide definition message
INFCON	Infrastructure condition message
INFENT	Enterprise accounting information message
INSDES	Instruction to despatch message
INSPRE	Insurance premium message
INSREQ	Inspection request message
INSRPT	Inspection report message
INVOIC	Invoice message
INVRPT	Inventory report message
IPPOAD	Insurance policy administration message
IPPOMO	Motor insurance policy message
ISENDS	Intermediary system enablement or disablement message
ITRRPT	In transit report detail message
JAPRES	Job application result message
JINFDE	Job information demand message
JOBAPP	Job application proposal message
JOBCON	Job order confirmation message
JOBMOD	Job order modification message
JOBOFF	Job order message
JUPREQ	Justified payment request message
LEDGER	Ledger message
LREACT	Life reinsurance activity message
LRECLM	Life reinsurance claims message
MEDPID	Person identification message
MEDPRE	Medical prescription message
MEDREQ	Medical service request message
MEDRPT	Medical service report message
MEDRUC	Medical resource usage and cost message
MEQPOS	Means of transport and equipment position message
MOVINS	Stowage instruction message
MSCONS	Metered services consumption report message
ORDCHG	Purchase order change request message
ORDERS	Purchase order message
ORDRSP	Purchase order response message
OSTENQ	Order status enquiry message
OSTRPT	Order status report message
PARTIN	Party information message
PAXLST	Passenger list message
PAYDUC	Payroll deductions advice message
PAYEXT	Extended payment order message
PAYMUL	Multiple payment order message
PAYORD	Payment order message
PRICAT	Price/sales catalogue message
PRIHIS	Pricing history message
PROCST	Project cost reporting message
PRODAT	Product data message
PRODEX	Product exchange reconciliation message
PROINQ	Product inquiry message

...

PROSRV	Product service message
PROTAP	Project tasks planning message
PRPAID	Insurance premium payment message
QALITY	Quality data message
QUOTES	Quote message
RDRMES	Raw data reporting message
REBORD	Reinsurance bordereau message
RECADV	Receiving advice message
RECALC	Reinsurance calculation message
RECECO	Credit risk cover message
RECLAM	Reinsurance claims message
RECORD	Reinsurance core data message
REGENT	Registration of enterprise message
RELIST	Reinsured objects list message
REMADV	Remittance advice message
REPREM	Reinsurance premium message
REQDOC	Request for document message
REQOTE	Request for quote message
RESETT	Reinsurance settlement message
RESMSG	Reservation message
RETACC	Reinsurance technical account message
RETANN	Announcement for returns message
RETINS	Instruction for returns message
RPCALL	Repair call message
SAFHAZ	Safety and hazard data message
SANCRT	International movement of goods governmental regulatory message
SLSFCT	Sales forecast message
SLSRPT	Sales data report message
SOCADE	Social administration message
SSIMOD	Modification of identity details message
SSRECH	Worker's insurance history message
SSREGW	Notification of registration of a worker message
STATAC	Statement of account message
STLRPT	Settlement transaction reporting message
SUPCOT	Superannuation contributions advice message
SUPMAN	Superannuation maintenance message
SUPRES	Supplier response message
TANSTA	Tank status report message
TAXCON	Tax control message
TPFREP	Terminal performance message
UTILMD	Utilities master data message
UTILTS	Utilities time series message
VATDEC	Value added tax message
VESDEP	Vessel departure message
WASDIS	Waste disposal information message
WKGRDC	Work grant decision message
WKGRRE	Work grant request message

Abb. 15: Auflistung der UN/EDIFACT-Nachrichtentypen[65]

---

[65] UNECE (23.02.2014).

```
UN/EDIFACT-Subsets

CEFIC            Chemische Industrie
EANCOM           Konsumgüterindustrie
Edi@Energy       Strom und Gas (nur für Deutschland gültig)
EDIBDB           Baustoffbranche
EDIFICE          High Tech Industrie
EDIFOR           Speditionsbranche
EDIFURN          Möbelbranche
EDIGAS           Ferngasgeschäft
EDILEKTRO        Elektroindustrie / Elektrogroßhandel
EDILIBE          Buchhandel
EDIPAP           Papierhersteller / -großhandel / -verarbeitende Industrie
EDITEC           Sanitärbranche
EDITEX           Textilindustrie
EDITRANS         Transportwirtschaft
EDIWHEEL         Reifen- und Räderhersteller (inkl. AdHoc EDI)
ETIS             Telekommunikation (nur für Rechnung)
ODA/ODIF         Allgemeine Dokumentenformate
ODETTE           Automobilindustrie
RINET            Versicherungswirtschaft
```

Abb. 16: Auflistung der UN/EDIFACT-Subsets[66]

---

[66] Wikipedia: EDIFACT (23.02.2014).

Quellenverzeichnis

Abts, Dietmar/Mülder, Wilhelm (2013): Grundkurs Wirtschaftsinformatik, 8. Aufl., Wiesbaden 2013.

Amor, David (2000): Die E-Business-(R)Evolution, 1. Aufl., Bonn 2000.

Berlecon Research (2010): Berlecon Studie, E-Business-Standards in Deutschland, Januar 2010, http://www.prozeus.de/imperia/md/content/prozeus/prozeus_materialien/ebstandards_berlecon2010_final.pdf, abgerufen am 18.02.2014.

Deutsch, Markus (1999): Electronic Commerce, 2. Aufl., Braunschweig 1999.

DIN (23.02.2014), http://www.din.de mit Suche nach „EDIFACT", abgerufen am 23.02.2014.

Google: eCl@ss (19.02.2014), http://www.google.de mit Suche nach „eCl@ss 24240601", abgerufen am 19.02.2014.

Hansen, Hans Robert/Neumann, Gustaf (2009): Wirtschaftsinformatik 1, Grundlagen und Anwendungen, 10. Aufl., Stuttgart 2009.

Kersten, W. (2001): Geschäftsmodelle und Perspektiven des industriellen Einkaufs im Electronic Business, in: Zeitschrift für Betriebswirtschaft Ergänzungsheft 3/2001, 2001, H. 3, S. 21-37.

Prozeus Broschüre (16.02.2014), http://www.prozeus.de/imperia/md/content/prozeus/broschueren/prozeus_orders_desadv_invoic_internet.pdf, abgerufen am 16.02.2014.

Prozeus: openTRANS (24.02.2014), http://www.prozeus.de/eBusiness/standards/transaktion/opentrans/index.html, abgerufen am 24.02.2014.

Prozeus: Prozesse (25.02.2014), http://www.prozeus.de/eBusiness/standards/prozesse/index.html, abgerufen am 25.02.2014.

Stoll, Patrick (2008): Der Einsatz von E-Procurement in mittelgroßen Unternehmen, 1. Aufl., Wiesbaden 2008.

Turowski, Klaus/Fellner, Klement J. (2001): XML in der betrieblichen Praxis, 1. Aufl., Heidelberg 2001.

UNECE (23.02.2014), http://www.unece.org/fileadmin/DAM/trade/untdid/d13a/trmd/trmdi1.htm, abgerufen am 23.02.2014.

Wannenwetsch, H. (2005): Vernetztes Supply Chain Management, Heidelberg 2005.

Weitzel, Tim (2001): Electronic Business und EDI mit XML, 1. Aufl., Heidelberg 2001.

Wikipedia: EDIFACT (23.02.2014), http://de.wikipedia.org/wiki/UN/EDIFACT, abgerufen am 23.02.2014.

Wikipedia: UNSPSC (18.02.2014), http://de.wikipedia.org/wiki/UNSPSC, abgerufen am 18.02.2014.

Wirtz, Bernd W. (2013): Electronic Business, 4. Aufl., Wiesbaden 2013.

Zwißler, Sonja (2002): Electronic Commerce Electronic Business, Berlin 2002.